물에 닿으면 치이익 펑! 하는 원소들
알칼리 금속, 알칼리 토금속

01 | 로켓 연료에 쓰이는 원소는 무엇일까요?

❶ 주소 ❷ 수소 ❸ 암소

힌트 원소의 종류를 나타내는 알파벳 기호를 '원소 기호'라고 해요. 이 원소의 원소 기호는 H예요.

❷ 수소

수소(H)를 산소와 일정한 비율로 반응시키면 대폭발을 일으켜요. '액체 연료 로켓'이라 불리는 로켓은 이 반응을 이용해서 우주로 날아가지요. 또 수소는 연료 전지에 쓰이고, 식물성 기름을 굳혀서 마가린을 만들 때도 도움을 줘요.

02 | 리튬이 스마트폰의 전지 외에도 쓰이는 곳은 어디일까요?

❶ 거울 ❷ 구두 ❸ 노트북 컴퓨터

힌트 리튬은 스마트폰 말고도 여러 전기 제품의 배터리로 널리 쓰여요.

❸ 노트북 컴퓨터

리튬(Li)은 은백색의 광택이 있는 알칼리 금속의 하나예요. 리튬 이온 전지는 충전을 할 수 있고 크기는 작지만 전기를 많이 만들 수 있어요. 그래서 스마트폰이나 노트북 컴퓨터, 전기 자동차 등 다양한 곳에서 쓰이고 있어요.

가장 가벼운
금속 원소인 리튬은
리튬 이온 전지로 많이
쓰이고 있어.
6.941
3
Li
Lithium

03 | 소금이 되는 원소는 무엇일까요?

❶ 칼슘　　❷ 나트륨　　❸ 포타슘

힌트 이 원소는 소듐이라고도 하며, 베이킹 소다나 비누 등에도 쓰여요.

② 나트륨

소금은 나트륨(Na, 소듐)과 염소가 결합해 만들어져요. 소금 1g에는 0.4g의 나트륨이 있지요. 순수한 나트륨은 아주 가볍고 부드러운 금속이지만 물에 닿으면 강하게 폭발해 버리지요. 소금은 물에 잘 녹는데, 나트륨은 쉽게 폭발해 버리다니 재미있네요.

맛있는 음식을
만들려면 소금이
있어야 해.

04 | 식물이 자라는 데 칼륨이 부족하면 식물이 어떻게 될까요?

❶ 싱싱하게 자란다.

❷ 바싹 말라 버린다.

❸ 좌우로 춤을 춘다.

힌트 칼륨은 포타슘이라고도 하며, 질소, 인과 함께 비료의 3요소 중 하나예요.

② 바싹 말라 버린다.

칼륨(K, 포타슘)은 비료로도 쓰이는데, 칼륨이 부족하면 식물의 성장이 둔해져서 바싹 말라 버려요. 또 인간의 몸에서도 중요한 역할을 하는데, 혈압을 조절하고 몸속의 노폐물을 처리해 준답니다.

난 칼륨이 든
비료를 먹어서
쑥쑥 자랐어.

05 | 세슘을 이용해 만든 시계를 무엇이라고 할까요?

❶ 원자시계 ❷ 손목시계 ❸ 배꼽시계

힌트 과거와 달리 지금은 원자를 이용해 시간을 측정하는데, 그 원자가 바로 세슘이에요.

❶ 원자시계

사람들은 예전부터 해시계, 물시계 등으로 시간을 재며 살았어요. 하지만 현재는 세슘(Cs)을 이용해 '원자시계'를 만들어 사용하지요. 세슘에 전자파가 닿으면 규칙적으로 변화하기 때문에 원자시계의 재료가 되어요.

06 | 에메랄드 보석이 되는 녹주석에 들어 있는 원소는 무엇일까요?

❶ 설탕　❷ 베개　❸ 베릴륨

힌트 녹주석은 다채로운 색을 띠는 놀라운 보석들의 원석이에요.

③ 베릴륨

베릴륨(Be)은 에메랄드나 아쿠아마린 등의 보석이 되는 녹주석이라는 광물에 들어 있어요. 베릴륨은 굉장히 단단해요. 강하고 녹슬지 않으며 아주 높은 온도에서만 녹아요. 그래서 우주선에도 사용된답니다.

난 에메랄드
보석이 될 녹주석!

07 두부를 굳힐 때 쓰는 간수에 들어 있는 원소는 무엇일까요?

❶ 마그마 ❷ 마그네슘 ❸ 마그마그

힌트 그리스의 마그네시아에서 이 원소가 포함된 광석이 발견되면서 그 이름이 지어졌대요.

❷ 마그네슘

마그네슘(Mg)은 두부를 만들 때 두부를 굳히는 간수의 중요한 성분으로 쓰여요. 또, 식물의 광합성에서 가장 중요한 역할을 하는 엽록소에도 들어 있지요. 그 밖에 강하고 가벼운 특성을 활용해 비행기를 만드는 재료로도 쓰여요.

08 | 칼슘이 들어 있는 석회석으로 만든 것은 무엇일까요?

❶ 철근 ❷ 시멘트 ❸ 유리창

힌트 칼슘은 사람의 뼈처럼 건축물의 뼈대에 쓰이기도 해요.

❷ 시멘트

칼슘(Ca)이 들어 있는 석회석은 옛날부터 다양한 건축물을 만드는 데 쓰였어요. 석회석은 시멘트의 중요한 원료예요. 시멘트는 도로나 빌딩을 만드는 데 쓰는 콘크리트에 꼭 들어가는 재료이지요.

09 | 불꽃놀이에서 빨간색 불꽃의 재료로 쓰이는 원소는 무엇일까요?

❶ 스트레스 ❷ 스트론튬 ❸ 스트로베리

힌트 이 원소는 부드러운 금속이지만 불에 넣으면 빨간색 불꽃을 내요.

❷ 스트론튬

부드러운 금속인 스트론튬(Sr)은 불에 넣으면 빨간색 불꽃을 내지요. 그래서 불꽃놀이에서 큰 역할을 해요. 또 재난 등을 당하여 어려운 처지에 빠진 사람을 구할 때 쓰는 도구인 발연통을 빨갛게 하는 것에도 쓰이고 있어요.

스트론튬 때문에
빨간색 빛이
나는구나!

단단하고 반짝반짝한 금속 원소들
전이 원소

10 | 영화 속 영웅의 옷을 타이타늄으로 만들면 어떤 점이 좋을까요?

❶ 가볍고 단단하다.

❷ 무겁지만 멋지다.

❸ 열에 쉽게 녹는다.

힌트 영화 속 영웅은 특수한 재료로 만든 옷을 입고 나쁜 사람들과 싸워요.

❶ 가볍고 단단하다.

타이타늄(Ti)은 철보다 두 배나 강하지만 무게는 $\frac{2}{3}$ 정도밖에 나가지 않아서 아주 가벼워요. 또 뜨거운 열에도 잘 견딜 수 있어 영화 속 영웅의 옷으로 만들기에 좋겠지요? 실제로 타이타늄은 최신 기술의 제트기나 비행기의 몸체로 사용되기도 해요.

11 | 큐빅 지르코니아는 어떤 원소로 만들어졌을까요?

난 표면이 녹슬면
무지개색으로 빛나는 원소야.
산소
산소
산소
산소
산소
Zr

❶ 지름 ❷ 지구 ❸ 지르코늄

힌트 이 원소는 '지르콘'이라는 광물에 들어 있는데, 산소랑 결합하면 지르코니아가 되어요.

③ 지르코늄

지르코늄(Zr)은 열에 강하고 녹이 잘 슬지 않아요. 지르코늄은 산소와 결합해 지르코니아로 변신해요. 지르코니아 중에는 다이아몬드처럼 반짝거려서 아름다운 돌이 되는 것도 있지요. 이것을 '큐빅 지르코니아'라고 불러요.

12 | 스테인리스에 녹이 잘 슬지 않게 하는 원소는 무엇일까요?

❶ 염소 ❷ 크로뮴 ❸ 이산화탄소

힌트 이 원소와 함께 철, 니켈 등으로 만든 합금이 스테인리스예요.

❷ 크로뮴

녹이 스는 것을 막는 성질은 크로뮴(Cr)의 가장 큰 장점이에요. 설거지대, 그릇 등은 오래되어도 그 빛을 잃지 않는 스테인리스로 만들어졌어요. 현재 생산되는 크로뮴의 80%가 스테인리스를 만드는 데 사용되고 있어요.

13 | 백열전구의 필라멘트에 쓰이는 원소는 무엇일까요?

난 원소 중에서 가장 높은 녹는점을 자랑해.
W

❶ 질소 ❷ 네온 ❸ 텅스텐

힌트 꼬마전구 속의 꼬부라진 얇은 선인 필라멘트는 이 원소로 만들어요.

③ 텅스텐

텅스텐(W)은 흰색이나 회색을 띠고 광택이 있어요. 순수한 것은 잘 늘어나고 녹이 슬지 않아요. 녹는점은 금속 가운데 가장 높아요. 또 전기가 통과해도 녹지 않고 흰색으로 환하게 빛을 내서 전구에 사용하곤 해요.

내가 바로
텅스텐으로 만든
필라멘트야.

14 | 원소 중 끓는점이 가장 높은 레늄이 항공기에서 주로 사용되는 곳은 어디일까요?

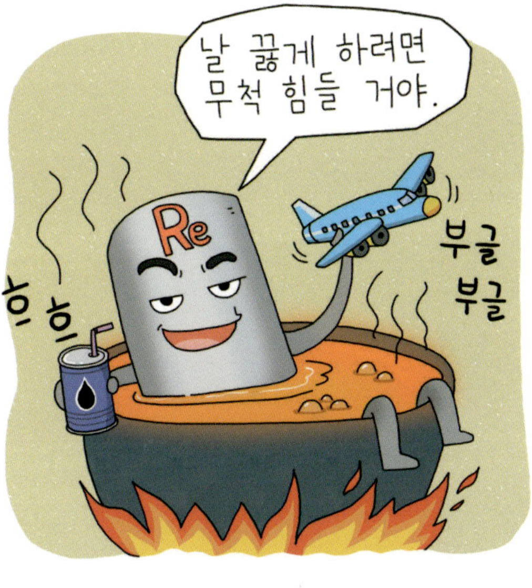

❶ 의자 ❷ 유리창 ❸ 엔진 부품

힌트 뜨거운 열에 오래 견뎌야 하는 부분에 사용되어요.

❸ 엔진 부품

레늄(Re)의 끓는점은 모든 원소 중 가장 높고, 녹는점은 두 번째로 높아요. 또 사람의 힘으로 새로운 제품을 만들거나 제품의 질을 높이기가 비교적 쉬워요. 생산되는 레늄의 70%는 뜨거운 열을 내는 항공기의 엔진 부품으로 이용된답니다.

엔진 부품을
레늄으로 만든 덕분에
엔진이 녹지 않는구나!

15 | 못과 철도에 공통으로 쓰이는 원소는 무엇일까요?

우린 모두
어떤 원소로
만들어졌을까?

❶ 철　　❷ 인　　❸ 네온

힌트 자연 상태에서는 철광석으로 존재해요.

❶ 철

철(Fe)은 아주 옛날부터 인간의 생활에 도움이 되었어요. 호미나 괭이 같은 농기구와 다양한 무기에도 사용되었지요. 지금도 기계, 건물, 철도 등 다양한 곳에 쓰이고 있어요. 하지만 철은 산소와 만나면 쉽게 녹이 스는 단점도 있지요.

지구의 약 1/3은 철로 이루어져 있어.
철로 만든 에펠탑
Fe

16 | 철에 섞어 강철을 만들 때 쓰이는 원소는 무엇일까요?

❶ 망가니즈 ❷ 마그네슘 ❸ 마그네틱

힌트 이 원소는 철과 합쳐지면 매우 강하고 단단한 합금이 되어요.

❶ 망가니즈

망가니즈(Mn)는 화학적으로 철과 비슷하지만 철보다 단단하고 부스러지기 쉬워요. 망가니즈와 철을 합치면 강철이 되어요. 그래서 단단하고 강해야 하는 자동차나 지하철의 몸체에 쓰여요. 또한 교도소의 강철 창살을 만들 때에도 망가니즈를 섞어 쓰기도 해요.

전이 원소

17 | 100원짜리 동전을 만들 때 쓰이는 원소는 무엇일까요?

❶ 니켈 ❷ 산소 ❸ 아르곤

힌트 이 원소는 충전식 전지를 만들 때에도 사용되는 금속이에요.

❶ 니켈

니켈(Ni)은 잘 녹슬지 않는 특성 덕분에 합금으로 많이 쓰이고 있어요. 100원짜리 동전은 니켈 25%와 구리 75%로 만들어요. 그리고 충전해서 계속 쓸 수 있는 니켈 수소 전지에도 니켈이 많이 쓰이지요.

18 | 백금은 하얗게 빛나는 특징을 살려 무엇을 만드는 데 쓰일까요?

❶ 귀금속 ❷ 가로등 ❸ 도로 표지판

힌트 백금은 은과 비슷하지만 훨씬 더 비싸고 금보다 귀해요.

❶ 귀금속

백금(Pt)은 '플래티넘'이라고도 불려요. 하얗게 빛나는 장점을 살려 귀금속으로 쓰이지요. 은보다 단단하며 녹슬지 않지요. 또한 은과는 달리 공기에 닿아도 반짝임을 잃지 않아요. 백금은 금의 $\frac{1}{4}$, 은의 $\frac{1}{100}$ 정도밖에 없는 귀한 금속이랍니다.

19 | 구리로 만들어진 미국 자유의 여신상은 처음에 어떤 색깔이었을까요?

❶ 푸른색　　❷ 초록색　　❸ 붉은색

힌트 구리는 공기 중에서 서서히 색깔이 변해요.

③ 붉은색

구리(Cu)는 붉은색의 금속이에요. 원래는 구리의 붉은색이었던 미국 자유의 여신상이나 우리나라 국회의사당의 둥근 지붕도 세월이 지나며 푸른색으로 변한 거예요. 구리의 겉쪽에 생기는 푸른색의 녹을 녹청이라고 하는데, 이 녹청이 생기면서 안쪽의 구리를 보호해 줘요.

20 | 옛날에 음식을 맛보던 기미 상궁은 어떤 수저를 사용했을까요?

❶ 금수저 ❷ 은수저 ❸ 빨간 수저

힌트 이 수저는 비소와 같은 독을 만나면 검은색으로 변해요.

❷ 은수저

옛날에 기미 상궁은 왕이 음식을 먹기 전에 항상 은수저를 사용해 맛을 보았어요. 은(Ag)은 옛날에 쉽게 구할 수 있었던 비소 같은 독을 만나면 검은색으로 변했거든요. 기미 상궁은 독을 써서 사람을 죽이는 일에 미리 준비해 항상 은수저로 먼저 왕의 음식을 먹었대요.

21 | 순수 물질 100%인 금을 가리키는 말은 어느 것일까요?

난 옛날부터 사랑받아 온 금이야.
GOLD
Au

❶ 14K ❷ 18K ❸ 24K

힌트 금이 얼마나 들어갔느냐에 따라 금을 다르게 불러요.

❸ 24K

금(Au)은 아주 물러서 액세서리를 만들 때 합금을 사용해요. 금이 얼마나 들었는지에 따라 금의 순도를 24로 나눠서 표시할 수 있지요. 24K는 $\frac{24}{24}$ 이므로 100에 가까운 99.99% 이상 금이 들었다는 뜻이에요. 또, 18K는 75%, 14K는 58% 이상이고요.

22 | 아연의 합금인 황동으로 만든 악기는 무엇일까요?

❶ 단소 ❷ 트럼펫 ❸ 피아노

힌트 황동으로는 주로 금관 악기를 만들어요.

❷ 트럼펫

아연(Zn)은 다른 금속들과 힘을 합쳐 쓰일 때가 많아요. 아연과 구리의 합금인 황동으로 금관 악기인 트럼펫, 트롬본, 호른 등이나 기계 부품 등을 만들어요. 강하고 가공하기 쉬운 합금이거든요.

난 아연과 구리의 합금으로 만든 트럼펫이야.

23 | 카드뮴 중독 때문에 일본에서 생기기도 한 질병은 무엇일까요?

❶ 미나마타병

❷ 이타이이타이병

❸ 코로나바이러스 감염증-19

힌트 이 질병의 이름은 '아파! 아파!'라는 뜻이에요.

❷ 이타이이타이병

일본에서는 카드뮴(Cd) 때문에 신장 기능에 장애가 일어나거나 뼈가 물러지는 이타이이타이병이 생기기도 했어요. 근처 광산에서 흘러나온 카드뮴이 강물로 흘러 들어갔는데, 그 물로 농사를 지은 것이 원인이었대요.

카드뮴은 현재 니켈-카드뮴 전지 재료로도 많이 사용되고 있어서 무조건 나쁜 원소는 아니야.
1.2V
NiCd
Cd

24 | 형광등의 진공 유리관 속에서 자외선을 내보내는 원소는 무엇일까요?

❶ 은 ❷ 수은 ❸ 수소

힌트 이 원소의 이름은 '물처럼 흐르는 은'이라는 뜻이에요.

❷ 수은

수은(Hg)은 형광등에 쓰여요. 스위치를 켜면 수은이 자외선을 내보내는 일을 하거든요. 그러나 자외선은 눈에 보이지 않기 때문에 유리관 내부에 형광 재료를 칠해 하얀 빛으로 바꾸어 줘요. 형광등이라는 이름은 여기에서 나왔어요.

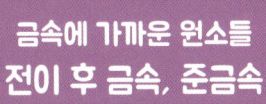

금속에 가까운 원소들

전이 후 금속, 준금속

전이 후 금속, 준금속

25 | 냄비나 주전자의 재료로 알루미늄이 쓰이는 까닭은 무엇일까요?

알루미늄으로 만든
냄비를 사용하면 물이
금방 끓어요.

❶ 녹이 잘 슬어서

❷ 열을 잘 흐르게 해서

❸ 전기를 잘 흐르게 해서

힌트 냄비 속의 물이 끓기 위해서는 무엇이 필요한지 생각해 보세요.

❷ 열을 잘 흐르게 해서

알루미늄(Al)은 열을 잘 흐르게 해서 냄비나 주전자의 재료로 쓰여요. 또, 가볍고 부드러워서 알루미늄 캔으로도 쓰이지요. 이러한 알루미늄을 재활용하면 새로 만드는 것보다 에너지를 97%나 절약할 수 있다고 해요.

26 | 전기가 흐르면 빛을 내며, 갈륨의 화합물로 만든 것은 무엇일까요?

요즘은 소비되는
에너지의 양이 적어서
신호등에 많이 사용돼.

❶ 반딧불이

❷ 전구의 필라멘트

❸ 발광 다이오드(LED)

힌트 신호등을 정면에서 봤을 때에 알알이 빛나 보이는 것은 이것 때문이에요.

❸ 발광 다이오드(LED)

갈륨(Ga)은 비소와 같은 금속과 결합하여 발광 다이오드(LED)를 만드는 데 많이 쓰여요. 발광 다이오드는 전기가 흐르면 빛을 내는 데 소비되는 에너지의 양이 적고 수명이 길다는 것 등 여러 가지 장점이 있어요.

27 | 통조림 캔은 철에 어떤 원소를 입혀서 만든 것일까요?

❶ 주석 ❷ 주먹 ❸ 비석

힌트 철판에 이 원소로 도금한 것이 바로 양철이에요.

❶ 주석

주석(Sn)은 녹이 잘 슬지 않아서 구리 못지않게 오래전부터 사용했어요. 철의 표면도 주석을 입혀 사용해요. 우리가 흔히 보는 통조림 캔은 모두 주석을 입힌 양철 캔이라 잘 녹슬지 않는답니다.

주석을 입힌 금속은
잘 녹슬지 않아.

28 | 엑스레이 촬영을 하는 의료진들이 납으로 된 보호대를 왜 입을까요?

내 몸은
소중하니까 보호대를
꼭 입어야지.

❶ 멋있어서

❷ 촬영실 안쪽이 추워서

❸ 납이 방사선을 차단해 주어서

힌트 엑스레이 촬영을 하는 의료진들이 방사선을 쐬면 몸에 나빠요.

③ 납이 방사선을 차단해 주어서

현대 의학에서 납(Pb)은 방사선을 막아 주는 역할을 해요. 엑스레이 촬영을 자주 하는 의료진들은 납으로 된 보호대나 가운을 입어서 방사선을 차단해요. 촬영실 안쪽은 납이 발라진 유리창으로 나뉘어 있답니다.

29 | 비교적 낮은 온도에서 녹는 비스무트로 만든 것은 무엇일까요?

❶ 아이스크림

❷ 소화기의 호스

❸ 화재경보기의 퓨즈

힌트 비스무트는 우리의 안전을 책임지는 금속이에요.

❸ 화재경보기의 퓨즈

비스무트(Bi)는 녹는점이 낮아서 전기 퓨즈로 사용해요. 비스무트는 전기 장치에 문제가 생기면 녹으면서 회로가 끊어져 버리지요. 그래서 물을 흩어서 뿌리는 기구인 스프링클러나 화재경보기의 퓨즈로 사용해요. 비스무트가 너무 뜨거워지면 끊어져서 물이 쏟아지거나 벨이 울려요.

전이 후 금속, 준금속

30 | 바퀴벌레가 붕소로 만든 '붕산 경단'을 먹으면 어떻게 될까요?

❶ 죽는다.

❷ 알을 많이 낳는다.

❸ 무럭무럭 잘 자란다.

힌트 해로운 벌레나 곰팡이를 없애고 싶을 때 붕소로 만들어진 가루로 붕산 경단을 만들어 사용해요.

❶ 죽는다.

붕산은 붕소(B)로 만들어진 가루예요. 농작물에 해가 되는 벌레를 죽이거나 없애는 약으로 많이 쓰여요. 사람에게는 위험하지 않지만, 바퀴벌레나 개미 같은 곤충들은 이것을 먹으면 죽어요.

31 | 반도체의 재료로 규소가 쓰이는 까닭은 무엇일까요?

규소는 모래와 컴퓨터, 스마트폰 등
어디에서나 찾을 수 있어.
Si

❶ 전기가 항상 통해서

❷ 전기가 전혀 통하지 않아서

❸ 상황에 따라 전기를 흐르게 해서

힌트 규소는 금속과 비금속의 성질을 모두 가진 준금속이에요.

③ 상황에 따라 전기를 흐르게 해서

규소(Si)는 반도체를 만드는 데 꼭 필요한 원소예요. 금속과 비금속의 성질을 모두 가지고 있어서 반도체를 만드는 데 알맞기 때문이지요. 반도체는 전압의 크기를 바꿀 수 있어서 전기를 흐르게 하거나 반대로 막을 수 있는 물질이에요.

전이 후 금속, 준금속

32 | 적외선을 흡수하지 않는 저마늄의 성질을 활용하여 만든 물건은 무엇일까요?

❶ 현미경 ❷ 망원경 ❸ 적외선 투시경

힌트 군인들이 한밤중에 주로 사용하는 거예요.

③ 적외선 투시경

저마늄(Ge)은 적외선을 흡수하지 않는 성질이 있어서 적외선 투시경 같은 물건의 렌즈 등에 쓰이고 있어요. 이 렌즈는 일반적인 유리와 다르게 적외선을 흡수하지 않아 한밤중에 군인들이 움직이는 물체를 찾아낼 때 사용한답니다.

33 | 옛날 왕들이 죄를 지은 사람에게 내린 사약에 사용된 원소는 무엇일까요?

❶ 비소 ❷ 비밀 ❸ 비옷

힌트 이 원소에는 독이 들어 있어요.

❶ 비소

옛날 왕들이 죄인에게 사용하던 사약에는 비소(As)가 들어 있었어요. 비소는 독이 있어 독극물을 만드는 데 많이 사용되었대요. 또, 쥐를 잡는 쥐약이나 농약, 방부제에도 사용되었지요. 하지만 비소를 이용해 백혈병 치료약을 만들기도 한대요.

34 | 클레오파트라가 화장할 때 아이섀도로 사용했던 원소는 무엇일까요?

❶ 주머니 ❷ 안티모니 ❸ 이게 뭐니

힌트 지금은 무서운 독이 발견되어 화장품으로 사용하지 않아요.

❷ 안티모니

안티모니(Sb)는 수천 년 전부터 알려진 고대 원소예요. 옛날에는 화장품에 이용되어 클레오파트라도 아이섀도로 사용했다고 해요. 현재는 섬유 제품이나 종이, 플라스틱 등이 잘 타지 않게 바르는 약으로 주로 사용되어요.

다른 원소와
잘 섞이는 원소들

35 | 다이아몬드나 흑연이 되기도 하는 원소는 무엇일까요?

서로 너무 다른데
같은 원소로
만들어졌다고?
다이아몬드
연필심인 흑연

❶ 탄소 ❷ 산소 ❸ 미소

힌트 이 원소는 어떻게 결합하느냐에 따라 성질과 모양이 달라져요.

❶ 탄소

반짝반짝하고 아름다운 다이아몬드와 공부할 때 사용하는 연필 속 심인 흑연은 모두 탄소(C)로 되어 있어요. 하지만 탄소가 어떻게 결합하느냐에 따라 성질과 모양이 달라져 다이아몬드는 세상에서 제일 단단하고, 흑연은 부드러운 물질이 되지요.

36 | 과자 봉지 안에 질소 기체를 가득 넣으면 어떻게 될까요?

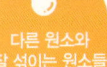

❶ 과자가 금방 부서진다.

❷ 과자 봉지 속에 벌레가 생긴다.

❸ 과자의 품질이 오래 변하지 않는다.

힌트 과자 봉지 속에 들어 있는 기체는 질소예요.

❸ 과자의 품질이 오래 변하지 않는다.

우리가 먹는 과자 봉지에 가득 차 있는 기체는 바로 질소(N)예요. 과자 봉지에 질소가 가득한 까닭은 과자가 부서지는 것을 막기 위해서이지요. 또한, 과자가 산소와 만나면 음식물의 품질이 떨어지는데, 질소는 이러한 것을 막아 줘요.

질소는 공기 중에 약 78 % 나 있는 기체야.
N

37 | 산소가 쇠나 음식 등과 만났을 때 일어나는 현상은 어느 것일까요?

산소 때문에
때가 타 보이는데~

❶ 오래 놓아둔 쇠에 녹이 슨다.

❷ 접시에 담긴 과자가 더 바삭해진다.

❸ 잘라 놓은 사과의 색깔이 그대로이다.

힌트 과자나 사과를 접시에 오래 두면 어떻게 변하는지 생각해 보세요.

❶ 오래 놓아둔 쇠에 녹이 슨다.

산소(O)는 물질과 만나면 그 물질을 산화시켜요. 산화는 물질이 산소와 결합하는 것을 말해요. 그래서 금속을 녹슬게 하거나, 잘라 놓은 사과를 갈색으로 변하게 해요. 한편, 접시에 담긴 과자는 공기 중의 수분을 빨아들여 눅눅해져요.

나는 지구에 많이 있는 산소야.
생물이 살아가려면 내가 반드시 있어야 해.

38 | 비료의 3요소 중 하나는 어느 것일까요?

❶ 인 ❷ 산소 ❸ 염소

힌트 '비료의 3요소'에는 이 원소와 함께 질소, 칼륨(포타슘)이 있어요.

❶ 인

땅에 인(P)이 부족하면 식물이 잘 자라지 않아요. 인으로 만든 화합물인 인산염은 농부들이 작물이 더 잘 자라도록 흙에 뿌려 주는 영양제이기도 하지요. 또, 인은 성냥에 불을 붙이는 성냥갑의 마찰 면에도 들어 있어요.

39 | 고무 원료에 황을 더하면 어떻게 될까요?

난 고무를 더 탄력 있게 해 주는 황이야.

❶ 까만색으로 변한다.

❷ 향기로운 꽃 냄새가 난다.

❸ 줄었다 늘어났다 하게 된다.

힌트 천연고무는 원래 부드러워요.

❸ 줄었다 늘어났다 하게 된다.

황(S)은 고무, 비료, 섬유 등 다양한 곳에서 사용되지요. 그중 천연고무는 늘어났다가 다시 원래 모양으로 돌아오지 않는데 황을 더하면 줄었다 늘어났다 하게 돼요. 한편, 황이 들어 있는 타이어가 까만색인 이유는 탄소가 들어 있는 가루가 섞여 있기 때문이래요.

황은
자동차 타이어에
많이 쓰여.

40 | 노화를 막아 주는 효과가 좋은 셀레늄이 쓰이는 곳은 어디일까요?

❶ 건강하게 해 주는 줄넘기

❷ 노화를 막아 주는 운동 기구

❸ 노화를 막아 주는 건강식품

힌트 노화는 시간이 지나면서 성질이나 기능이 약하게 되는 것을 말해요.

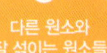

③ 노화를 막아 주는 건강식품

셀레늄(Se)은 우리 몸에 아주 조금만 필요해요. 비타민C, 비타민E 등과 함께 노화의 원인이 되는 활성 산소로부터 우리 몸을 지켜 주지요. 하지만 너무 많이 먹으면 중독을 일으키므로 조심해야 해요.

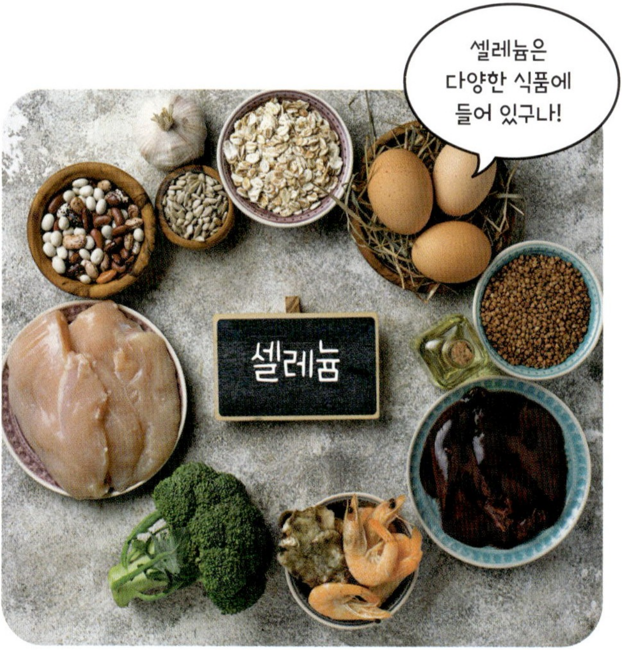
셀레늄은
다양한 식품에
들어 있구나!
셀레늄

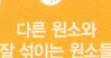

41 | 치약에 플루오린이 쓰이는 까닭은 무엇일까요?

❶ 색깔이 예뻐서

❷ 입안을 시원하게 해 줘서

❸ 충치 예방에 효과가 있어서

힌트 플루오린은 주로 치약이나 입안을 헹구어 내는 구강 세정제에 들어 있어요.

③ 충치 예방에 효과가 있어서

플루오린(F)은 불소라고도 알려져 있으며 이를 썩게 하는 벌레로부터 치아를 지켜 주는 원소예요. 충치는 세균이 만들어 내는 산이 치아를 녹이면서 생기는 것인데, 플루오린을 넣은 치약을 사용하면 치아 표면이 잘 녹지 않게 해 줘요.

42 | 세균을 죽이는 힘이 강한 염소가 쓰이는 곳은 어디일까요?

❶ 수영모 ❷ 수영복 ❸ 수영장 소독제

힌트 염소는 수돗물 소독에도 사용돼요.

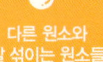

③ 수영장 소독제

수영장에 갔을 때 코를 찌르는 이상한 냄새를 맡은 적이 있나요? 그 냄새는 바로 염소(Cl)가 들어간 소독제 때문이에요. 염소는 세균을 죽이는 힘이 강해서 적은 양으로도 물속에 있는 병균이나 세균을 효과적으로 없앨 수 있답니다.

43 | 상처가 났을 때 아이오딘이 들어 있는 소독제를 바르는 까닭은 무엇일까요?

❶ 구하기 쉬워서

❷ 세균을 죽이려고

❸ 아픈 척을 하려고

힌트 아이오딘은 바이러스나 세균을 무찌르는 능력이 있어요.

❷ 세균을 죽이려고

요오드라고도 불리는 아이오딘(I)은 바이러스나 세균 등을 물리치는 살균 작용이 있어서 소독약이나 입안을 헹구는 양치 액으로도 쓰이고 있어요. 아이오딘은 미역과 같은 해조류에 많이 들어 있지요.

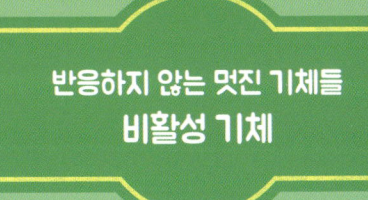

반응하지 않는 멋진 기체들

비활성 기체

비활성 기체

44 | 헬륨이 들어 있는 가스를 풍선에 넣으면 어떻게 될까요?

이 중에서
헬륨이 들어 있는
풍선은 뭘까?

❶ 공중에 뜬다.

❷ 바닥에 떨어진다.

❸ 노랫소리가 나온다.

힌트 놀이동산에서 파는 풍선 안에는 헬륨 가스가 들어 있는 것이 많아요.

❶ 공중에 뜬다.

헬륨(He)은 아주 가벼워서 파티용 풍선이나 비행선을 띄우는 가스로 쓰여요. 물론 더 값싸고 가벼운 수소를 넣을 수도 있지만, 수소는 폭발의 위험이 있어요. 그래서 풍선과 비행선에는 주로 헬륨 가스를 넣어요.

난 가볍고 잘 타지 않는 기체인 헬륨이야.
He

비활성 기체

45 | 밤거리에서 쉽게 볼 수 있는 네온사인에 이용되는 원소는 무엇일까요?

나에게 전기를 통하게 하면 어떤 원소보다 화려하게 빛나.
Ne

❶ 금　　❷ 네온　　❸ 다이아몬드

힌트 네온사인과 이름이 비슷해요.

❷ 네온

네온(Ne)은 항상 빛깔이 없고 투명하지만 유리관에 넣어 전기를 흐르게 하면 밝게 빛나요. 네온으로 만든 네온사인은 유리관에 네온 가스를 조금 넣어서 전압을 가해 화려한 빛을 내게 한 거예요. 네온사인은 전기 소모가 적어서 광고용 간판 등에 많이 쓰이고 있어요.

46 | 백열전구 속에 들어 있는 아르곤은 어떤 역할을 할까요?

❶ 빛을 깜빡거리게 한다.

❷ 필라멘트를 녹여서 끊어지게 한다.

❸ 필라멘트가 녹지 않도록 막아 준다.

힌트 필라멘트가 계속해서 빛이 나야 백열전구를 오래 사용할 수 있겠지요.

❸ 필라멘트가 녹지 않도록 막아 준다.

아르곤(Ar)은 일상생활에서 많이 사용돼요. 백열전구의 필라멘트가 녹지 않도록 보호하고 형광등에 들어가 형광등의 빛을 안정시켜줘요. 때로는 네온사인 속에 들어가 파란색과 녹색 빛을 내기도 하지요.

백열전구 속에
아르곤이 채워져
있대.

47 자동차의 헤드라이트에 제논이 사용되는 까닭은 무엇일까요?

짠~
밝은 빛이 필요할 때
헤드라이트를 켜!

❶ 전기를 많이 써서

❷ 공기 중에 많이 들어 있어서

❸ 빛의 색깔이 태양 빛에 가까워서

힌트 제논이 사용된 램프에 전기를 흐르게 하면 밝은 빛을 내지요.

❸ 빛의 색깔이 태양 빛에 가까워서

제논(Xe)에 전기를 흘려서 빛이 나게 하는 제논 램프는 수명이 오래가요. 게다가 사용되는 전기의 양이 적고, 태양 빛과 비슷한 밝은 빛을 내기 때문에 자동차나 전동차의 헤드라이트 등에 쓰이고 있어요.

48 | 화강암에서 새어 나오며 방사능을 가진 기체는 무엇일까요?

❶ 라돈 ❷ 라면 ❸ 라디오

힌트 이 원소의 이름은 방사능을 가진 금속인 라듐에서 따왔어요.

❶ 라돈

라돈(Rn)은 방사능을 가진 기체 원소예요. 침묵의 살인자라는 별명이 붙은 1급 발암 물질 기체이지요. 라돈은 화강암에서도 새어 나오기 때문에 화강암으로 만든 건물에서도 발견돼요. 대부분은 문제가 되지 않으니 걱정 마세요.

화강암에서 나오는
라돈은 사람의 몸에
영향을 주는 정도는
아니니 걱정은 그만!

우리 몸과 관련된 원소들

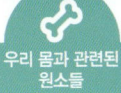

49 | 우리 몸을 이루는 수소는 대부분 어디에 들어 있을까요?

❶ 뼈 ❷ 물 ❸ 손톱

힌트 수소를 한자로 쓰면 水(물 수), 素(바탕 소)예요.

❷ 물

수소(H)라는 이름이 물을 구성한다는 뜻인 것처럼 수소는 물에 들어 있어요. 우리 몸의 60~70%는 물로 구성되어 있어서 사람의 몸에는 수소가 많지요. 그렇지만 수소는 공기 중에는 거의 없어요. 너무 가벼워서 대부분 지구 밖으로 날아가 버린답니다.

50 | 사람이 헬륨 가스를 마시면 어떻게 될까요?

❶ 방귀가 계속 나온다.

❷ 딸꾹질이 계속 나온다.

❸ 목소리가 이상하게 변한다.

힌트 헬륨 가스를 마시면 소리의 전달 속도가 달라져요.

③ 목소리가 이상하게 변한다.

헬륨(He) 가스를 마시면 특이한 목소리가 나와요. 우리가 평소 숨을 쉴 때 마시는 공기는 질소, 산소 등으로 이루어져 있는데, 헬륨은 보통의 공기보다 소리를 세 배 빠르게 전달할 수 있어요. 소리의 전달 속도가 빨라져서 세 배 정도 높은 목소리가 나오는 것이지요.

51 | 모든 생명체를 이루는 단백질, 지방, 탄수화물에 반드시 들어 있는 원소는 무엇일까요?

❶ 탄소 ❷ 라듐 ❸ 아르곤

힌트 이 원소가 없으면 세상에는 생명체가 아예 없었을 거예요.

❶ 탄소

탄소(C)는 모든 생물에게 없어서는 안 될 중요한 원소예요. 생물의 몸을 만드는 단백질, 지방, 탄수화물 같은 유기물에는 반드시 탄소가 들어 있거든요. 사람이나 다른 동식물도 탄소가 있어서 생물로서 활동할 수 있지요.

52 | 숨을 쉬는 데 꼭 필요한 원소는 무엇일까요?

❶ 염소 ❷ 산소 ❸ 네온

힌트 이 원소는 공기의 약 21%를 이뤄요.

❷ 산소

산소(O)는 사람이 몸을 움직이는 데 꼭 필요해요. 숨 쉬는 호흡을 통해 폐로 들어간 산소는 몸에 필요한 물질의 재료가 되고 음식물이 에너지로 바뀌는 걸 도와줘요. 산소는 사람뿐만 아니라 숨을 쉬는 모든 동물이 살아가는 데 꼭 필요한 원소예요.

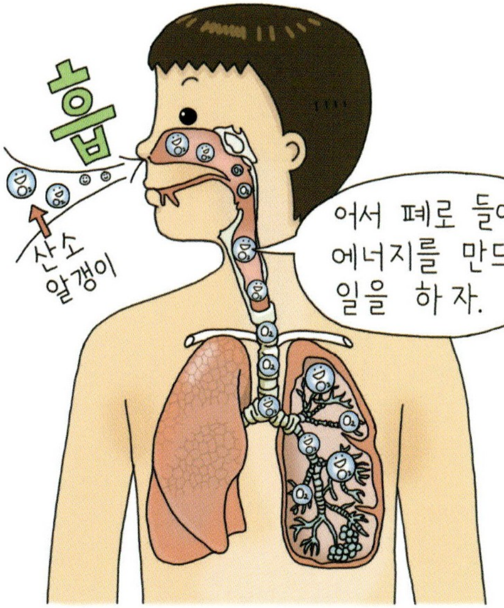

53 | 칼슘은 사람의 몸에서 주로 무엇을 구성하는 원소일까요?

❶ 목젖 ❷ 눈곱 ❸ 뼈나 이

힌트 칼슘이 부족하면 골다공증에 걸리기 쉬워요.

❸ 뼈나 이

칼슘(Ca)은 뼈와 이의 중요한 성분이에요. 사람의 몸에 많이 들어 있는데 어른의 경우 그 무게가 약 1kg 정도는 되지요. 칼슘이 부족하면 뼈 조직이 엉성해지는 골다공증에 걸리거나 충치가 생길 수 있으니 조심하세요.

54 | 단백질을 구성하는 데 꼭 필요한 원소는 무엇일까요?

❶ 은 ❷ 질소 ❸ 브로민

힌트 이 원소는 공기 속에 가장 많이 들어 있는 원소예요.

② 질소

인간과 동물의 몸은 주로 단백질로 이루어져 있는데, 질소(N)는 그 단백질의 재료인 아미노산을 만드는 원소이지요. 모든 생물은 단백질이 꼭 필요해요. 그래서 농사를 지을 때도 질소가 가득 들어 있는 비료를 많이 사용해요.

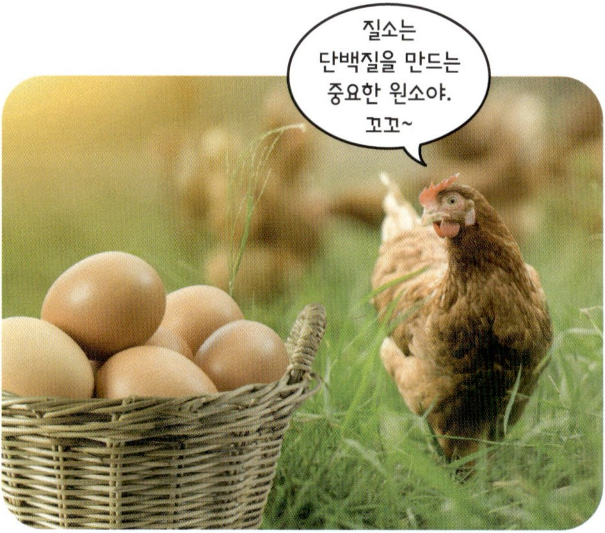

55 | 칼슘과 함께 뼈와 이의 중요한 성분인 원소는 무엇일까요?

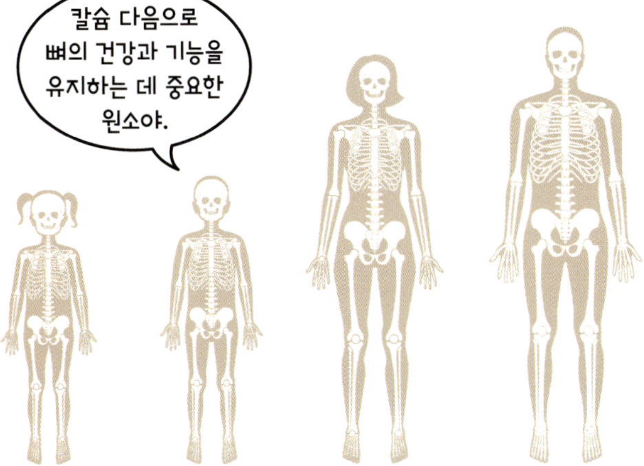

❶ 철 ❷ 인 ❸ 인듐

힌트 이 원소는 농부들이 작물을 더 잘 자라도록 흙에 뿌려 주는 영양제에 들어 있기도 해요.

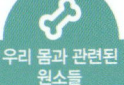

❷ 인

인(P)은 사람 몸속에서 여러 가지 화합물로 쓰여요. 칼슘과 함께 만드는 화합물은 뼈와 이의 중요한 성분이기도 해요. 또 몸 안에서 에너지를 저장하고 옮기는 일도 하며, 유전 정보를 전달하는 DNA에도 들어 있지요.

탄산음료에도
인 성분이 들어 있지만,
많이 마시지는 마.

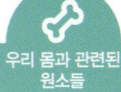

56 | 철이 우리 몸에서 주로 하는 일은 무엇일까요?

❶ 목소리를 나오게 한다.

❷ 손톱과 발톱을 만든다.

❸ 혈액 속에서 산소를 운반한다.

힌트 철이 부족하면 어지러움을 느끼는 빈혈이 생겨요.

❸ 혈액 속에서 산소를 운반한다.

숨을 쉴 때 들어온 산소는 적혈구 속의 철(Fe)과 결합하여 온몸의 세포로 이동해요. 철분은 중요한 영양소이기는 하지만 그대로는 몸속에 흡수되지 않기 때문에 다른 동식물에 들어 있는 철분을 섭취해야 해요. 철분은 간이나 톳, 시금치 등에 많이 들어 있어요.

57 | 우리 몸에 아연이 부족하면 어떻게 될까요?

❶ 손톱이 빨리 자란다.

❷ 머리카락이 쑥쑥 자란다.

❸ 음식의 맛을 느낄 수 없다.

힌트 아연은 사람의 몸에서 혀의 세포를 새롭게 만들어요.

③ 음식의 맛을 느낄 수 없다.

아연(Zn)은 맛을 느끼는 감각인 미각을 정상으로 유지하게 해줘요. 또 손톱과 머리카락을 자라게 하고, 바이러스로부터 몸을 보호하며, 에너지를 만들기 위해 일을 하지요. 아연이 모자라면 맛을 잘 느끼지 못하게 되거나 머리카락이 빠지기도 하니까 조심하세요.

아연은 간이나
연어, 견과류 등에
많이 들어 있어요.
아연

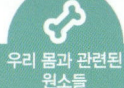

58 우리 몸에서 갑상선 호르몬을 만드는 원소는 무엇일까요?

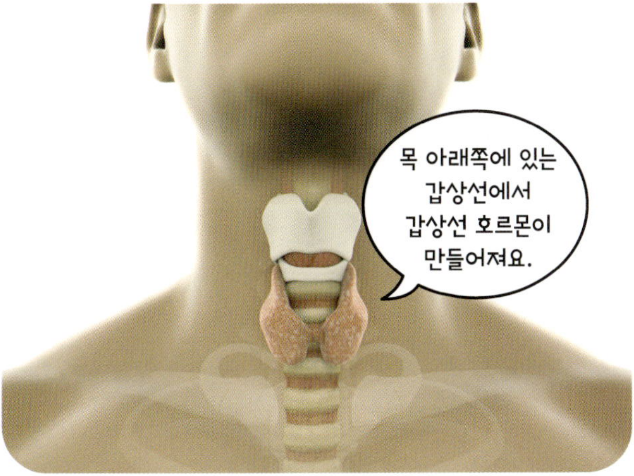

❶ 아이돌 ❷ 아이스 ❸ 아이오딘

힌트 과학 시간에 녹말 실험을 할 때 쓰는 원소이기도 해요.

③ 아이오딘

아이오딘(I)은 사람의 몸에서 갑상선 호르몬을 만드는 물질이에요. 갑상선 호르몬은 세포를 서로 바꾸고 고운 머리카락과 피부를 지켜 주는 일을 하지요. 미역이나 다시마와 같은 해조류에 많이 들어 있는데, 흔히 아기를 갓 낳은 엄마가 미역국을 먹는 이유도 아이오딘을 많이 섭취하기 위해서예요.

미역국에는 아이오딘이 많이 들어 있어요.

59 마그네슘을 이용하는 약으로 알맞은 것은 무엇일까요?

❶ 변비약 ❷ 감기약 ❸ 모기약

힌트 마그네슘을 많이 먹으면 설사가 나요.

❶ 변비약

마그네슘(Mg)을 많이 먹으면 설사가 나는데, 생활 속에서는 이것을 이용해 변비약으로 사용해요. 또한 천연의 진정제라고도 불리는데, 마그네슘이 흥분된 몸과 마음을 가라앉혀 주기도 한답니다. 이 외에도 사람 몸에서 뼈의 재료가 되고 근육을 움직이는 일을 해요.

60 | 우리 몸에서 수분의 양이나 혈압을 조절하는 원소는 무엇일까요?

❶ 리튬 ❷ 칼륨 ❸ 크립톤

힌트 이 원소는 소듐과 함께 몸속의 수분을 조절하는 역할을 해요.

❷ 칼륨

칼륨(K, 포타슘)은 우리 몸에서 소듐과 함께 수분의 양이나 혈압을 조절해요. 또, 신경이나 근육의 활동과도 관계가 있어요. 칼륨은 여러 가지 채소, 과일, 육류에 많이 들어 있어요. 특히 키위, 감자, 바나나 등에 많이 들어 있지요. 칼륨을 충분히 먹으면 고혈압, 뇌졸중 등을 예방할 수 있다고 해요.

칼륨이 많이 든
바나나로 영양을
보충해요!

더 알아 두면 좋은
원소들

❷ 원자 폭탄

플루토늄(Pu)은 우라늄이 핵분열 하는 과정에서 만들어지며, 자연 상태에는 없어요. 플루토늄은 우라늄보다 쉽게 모이고 절반의 양으로도 원자 폭탄을 만들 수 있어요. 지금도 핵무기나 핵 시설 관련 뉴스가 나올 때 꼭 따라다니는 원소랍니다.

원자 폭탄이 떨어진 뒤 황폐해진 일본 나가사키 지역의 모습이야.

72 제2차 세계대전 당시 플루토늄을 이용해 만들었던 것은 무엇일까요?

플루토늄은 인류를
위협하는 최악의
무기에 사용되었어.

❶ 탱크 ❷ 원자 폭탄 ❸ 비상용 식량

힌트 플루토늄은 강한 방사능과 독이 있는 성분을 가진 위험한 원소예요.

❸ 우라늄

우라늄(U)으로 만들어 낸 엄청난 에너지를 이용하여 전기를 일으키는 것이 원자력 발전이에요. 원자력 발전은 방사선을 지닌 원소인 우라늄을 사용하는 것이지요. 방사성 물질은 발전소 밖으로 빠져나와 인류와 생태계에 영향을 줄 수 있으므로 철저히 관리해야 해요.

71 | 원자력 발전소의 연료로 사용되는 원소는 무엇일까요?

❶ 아연 ❷ 텅스텐 ❸ 우라늄

힌트 처음으로 방사선이 발견된 금속 원소예요.

❷ 네오디뮴 자석

은백색의 부드러운 네오디뮴(Nd)은 철, 붕소와 섞으면 자신보다 천 배나 무거운 물체를 들 수 있는 자석으로 만들 수 있어요. 네오디뮴 자석은 가볍지만 자성이 강해서 자동차용 모터나 항공기, 스피커, 이어폰 등 일상생활 용품에 다양하게 쓰이고 있어요.

영구 자석 중
가장 강력한 네오디뮴
자석이야.

70 | 자석 가운데 가장 강한 자석은 무엇일까요?

❶ 고무 자석 ❷ 네오디뮴 자석 ❸ 플라스틱 자석

힌트 네오디뮴에 철과 붕소를 함께 섞으면 초강력 자석이 돼요.

❶ 굴절이 잘 되어서

란타넘(La)은 유리 재료에 섞어서 카메라나 현미경, 망원경 등의 특수 렌즈를 만드는 데 사용되어요. 란타넘이 사용된 렌즈는 굴절이 잘 되어서 멀리 있는 물체를 보거나 가까이 있는 물체를 확대하여 보는 데 알맞지요.

더 알아 두면
좋은 원소들

69 | 카메라나 현미경 등의 렌즈에 란타넘을 섞어 만든 까닭은 무엇일까요?

카메라

현미경

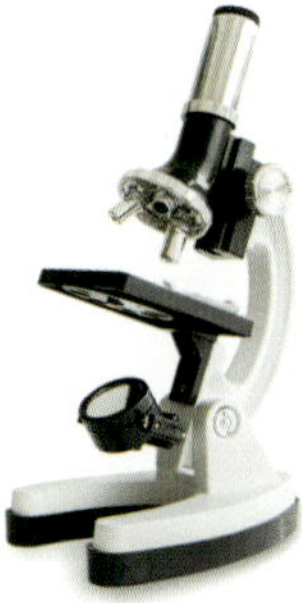

❶ 굴절이 잘 되어서

❷ 사람이 하얗게 보여서

❸ 나무가 실제보다 많아 보여서

힌트 란타넘을 유리 재료에 섞으면 굴절률이 높아져요.

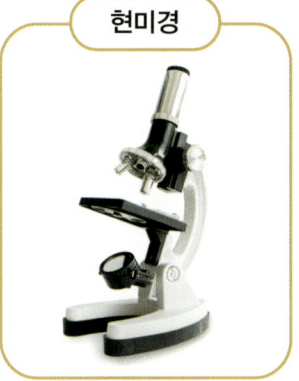

❷ 수은

1956년 일본 미나마타 지역에서는 수은(Hg)에 중독된 해산물을 먹고 집단으로 수은에 중독된 사람들이 나타났어요. 이 사람들은 혀나 입술을 떨거나 제대로 걷지 못하는 신경계통의 질병으로 고통받았지요.

68 | 중금속 관련 질병인 미나마타병과 관련이 있는 원소는 무엇일까요?

❶ 납 ❷ 수은 ❸ 카드뮴

힌트 이 원소는 금속인데도 유일하게 액체로 존재하는 원소예요.

❶ 황

산성비는 자연적으로 만들어지기도 하지만 대부분 큰 영향을 주지 않아요. 하지만 공장, 자동차 등에서 화석 연료를 태우면 황(S) 화합물, 질소(N) 화합물 등이 만들어지는데, 이러한 화학 오염 물질은 넓은 지역에 걸쳐 대기 오염을 일으킨답니다.

67 | 산성비와 관련이 깊은 원소는 무엇일까요?

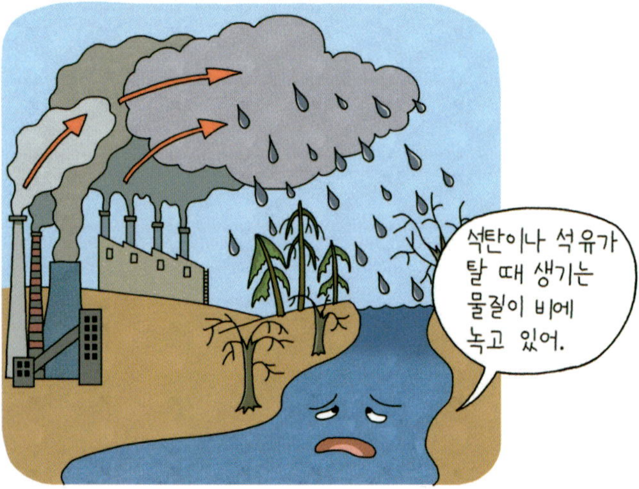
석탄이나 석유가
탈 때 생기는
물질이 비에
녹고 있어.

❶ 황 ❷ 네온 ❸ 네오디뮴

힌트 공기 중의 화학 물질이 수증기와 합쳐지면 산성비가 되지요.

❷ 염소

염소(Cl)는 녹황색이고 독이 있는 기체예요. 하지만 화장실을 청소하는 표백제로도 이용하는데 사용할 때 주의가 필요해요. 강한 알칼리성을 띠는 염소계 표백제와 산성을 띠는 화장실용 세제를 섞으면 아주 해로운 염소 가스가 발생하거든요.

66 | 화장실을 청소하는 표백제에 사용되는 원소는 무엇일까요?

❶ 질소 ❷ 염소 ❸ 흑염소

힌트 독특한 냄새가 나는 청소용 세제에 들어 있어요.

③ 눌어붙지 않는다.

플루오린(F)은 여러 원소들과 반응을 잘해요. 그중 플루오린과 탄소가 결합해서 만들어진 테플론이 대표적인 물질이에요. 테플론을 입힌 프라이팬이나 냄비는 열에 강하고 눌어붙지 않아서 조리 도구로 많이 쓰이고 있어요.

더 알아 두면
좋은 원소들

65 | 플루오린 화합물을 입힌 프라이팬으로 요리를 하면 음식이 어떻게 될까요?

오! 내가 요리에 타고난 능력이 있었네.
휙~

❶ 쉽게 탄다.

❷ 익지 않는다.

❸ 눌어붙지 않는다.

힌트 요즘 광고하는 프라이팬으로 요리하는 모습을 떠올려 보세요.

❸ 실리콘 조리 도구

규소(Si)가 탄소와 결합하면 실리콘(silicone)을 만들 수 있어요. 실리콘은 200~400℃의 높은 열에도 견딜 수 있어서 조리 도구의 재료가 되기도 해요. 이외에도 아주 작은 틈을 메울 때 실리콘 접착제로 사용하거나 소프트렌즈 등에도 쓰인답니다.

64 | 요리할 때 쓰이는 것 중 규소를 이용해 만든 것은 무엇일까요?

❶ 프라이팬

❷ 밀가루 반죽

❸ 실리콘 조리 도구

힌트 규소의 영어 이름은 실리콘(silicon)이에요.

❶ 황

현재까지 활발히 활동 중인 화산이나 온천 지역에 가 보면 코끝을 쏘는 강한 냄새가 나요. 이 냄새는 황(S)의 화합물 때문인데요. 황은 원래 아무 냄새가 없지만, 다른 물질과 결합하면 무척 강하고 특이한 냄새가 난대요.

63 | 화산이나 온천 지역에서 나는 이상한 냄새는 어떤 원소 때문일까요?

❶ 황 ❷ 왕 ❸ 형

힌트 화산이나 온천 지역에 가면 달걀 썩은 냄새 같은 것이 나요.

❷ 철기 시대

아주 오래전부터 사람들은 철(Fe)을 이용해 창, 못, 농기구 등 다양한 물건을 만들었어요. 철은 자연 상태에서 철광석으로 있어서 뜨거운 온도에서 필요하지 않은 물질을 없애는 과정을 거쳐야 해요. 청동보다 더 높은 온도로 가열해야 철을 얻어 도구를 만들 수 있었지요.

자연 상태의
철광석 모습이야.

62 | 옛날에 대장장이가 쇳물을 녹여 철을 만들어 사용하던 때는 언제일까요?

❶ 석기 시대 ❷ 철기 시대 ❸ 청동기 시대

힌트 철을 사용해 도구를 만들기 시작한 때예요.

❷ 구리

순수한 구리(Cu)는 단단하지 않고 너무 물러서 발견 초기에는 주로 장신구를 만드는 데 사용했대요. 그 후로 금속을 다루는 기술이 점점 발달하여 구리에 주석을 섞어서 더 단단하게 만들었어요. 이것이 바로 청동인데, 이때부터 청동기 시대가 열렸답니다.

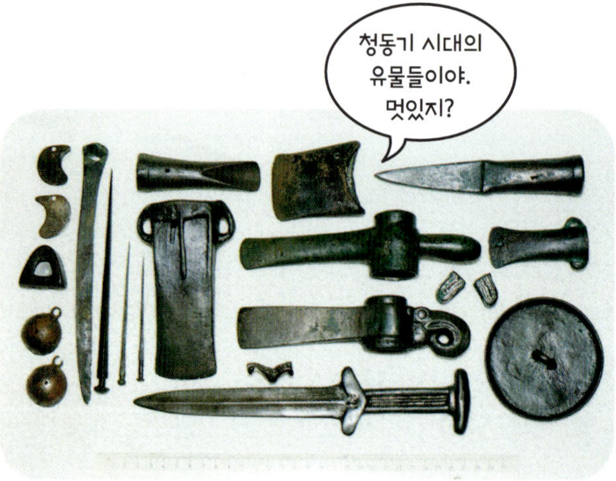

더 알아 두면
좋은 원소들

61 | 청동기 시대에 인간이 사용한 금속 원소는 무엇일까요?

❶ 규소　　❷ 구리　　❸ 너구리

힌트 돌을 사용하던 석기 시대를 지나 인간이 처음으로 사용한 금속 원소이지요.